ICS 01.140
A 14
备案号:36942－2012

WH

中华人民共和国文化行业标准

WH/T 48—2012

数字对象唯一标识符规范

Digital object identifier specification in culture

U0884548

2012－08－06 发布　　2012－12－01 实施

中华人民共和国文化部　发布

图书在版编目(CIP)数据

WH/T 48—2012 数字对象唯一标识符规范/中华人民共和国文化部发布. --北京:国家图书馆出版社,2016.4

中华人民共和国文化行业标准

ISBN 978-7-5013-5732-1

Ⅰ.①W… Ⅱ.①中… Ⅲ.①数字技术—应用—图书馆工作—规范 Ⅳ.①G250.7-65

中国版本图书馆 CIP 数据核字(2016)第 287774 号

书　　名 WH/T 48—2012 数字对象唯一标识符规范
著　　者 中华人民共和国文化部　发布
责任编辑 高　爽　王炳乾

出　　版 国家图书馆出版社(100034　北京市西城区文津街 7 号)
(原书目文献出版社　北京图书馆出版社)
发　　行 010-66114536　66126153　66151313　66175620
66121706(传真),66126156(门市部)
E-mail nlcpress@nlc.cn(邮购)
Website www.nlcpress.com ——→投稿中心
经　　销 新华书店
印　　装 北京科信印刷有限公司
版　　次 2016 年 4 月第 1 版　2016 年 4 月第 1 次印刷

开　　本 889×1194(毫米)　1/16
印　　张 1.5
字　　数 25 千字

书　　号 ISBN 978-7-5013-5732-1
定　　价 20.00 元

目　　次

前　言

本标准按照 GB/T 1.1—2009 给出的规则起草。

本标准由中华人民共和国文化部提出。

本标准由全国图书馆标准化技术委员会归口。

本标准起草单位:中国科学院国家科学图书馆、国家图书馆、首都图书馆。

本标准主要起草人:孙坦、宋文、周静怡、贺燕、韩超、张娟、王炜。

本标准共包括四个附录,其中附录 A“CDOI 元数据”和附录 B“结构类型词汇”为规范性附录,附录 C“CDOI 名称中的保留字”和附录 D“CDOI 管理框架、角色和任务”为资料性附录。

引　言

数字对象唯一标识符系统是实体(也称为对象)持久标识的基础设施。本规范中的数字对象唯一标识符指的是实现实体标识的完整体系。DOI 是数字对象唯一标识符(Digital Object Identifier)的英文首字母缩写,CDOI 是文化行业对象数字唯一标识符(Digital Object Identifier in Culture)的英文首字母缩写。

实体(对象)被赋予 CDOI 名称,CDOI 名称将持久地用来标识该实体,通过 CDOI 名称可以持久地链接到该实体的当前描述信息、存放地信息或如何发现并获取对象的有关信息。

CDOI 系统的应用主要包括:持久唯一地标识实体;管理对象的存放地址和获取方式;管理实体的元数据;促进电子事务处理等。

CDOI 系统提供网络环境下可解析的、持久的、可语义互操作的标识机制,能够在其上提供各种服务和事务处理。CDOI 名称能够解析到关于对象的各种信息,如 E-mail 地址、对象的其他标识符、对象的权限描述等。也可以被解析到多个对象相关值,如通过多重解析机制链接到对象的多个 URL 地址。

CDOI 标识对象的元数据信息是 CDOI 系统的一个有机组成部分。实体用元数据进行描述,核心的元数据模型和各种元数据方案的映射,是实现对象之间互操作的基础。

数字对象唯一标识符规范

1 范围

本标准规定了数字对象唯一标识符系统（简称 CDOI）的体系框架、语法规则、命名规则、解析规则、管理规则和扩展规则。

CDOI 名称用于标识文化行业的数字对象、物理对象、抽象对象（如作品、概念）、虚拟网络资源对象以及元数据对象。通过给对象赋予的唯一标识符，可以实现对象的永久标识和持久链接。

CDOI 是对象的数字标识符，而不仅是数字对象的标识符。CDOI 与 DOI 兼容，即在语法规则、命名规则、解析规则方面遵从 ISO 26324 标准，但 CDOI 是独立于 DOI 的系统，不受 DOI 系统管理规则的约束。

CDOI 系统不替代现有的对象标识系统，如 ISO/TC 46/SC9（ISO 信息与文献技术委员会的第 9 分会，文献的识别与描述分技术委员会）的 ISBN（国际标准书号）、ISSN（国际标准连续出版物号）、ISAN（国际标准音像作品编码）等，也不替代其他已被共同接受的标识系统。如果对象已经用其他 ISO 标识符标识，可以将这个 ISO 标识符的名称字符串集成到 CDOI 名称中，除非该标识符的注册授权有约束或注册授权之间的集成机制不能达成一致。

2 规范性引用文件

下列文件对于本文件的应用是必不可少的。凡是注日期的引用文件，仅所注日期的版本适用于本文件。凡是不注日期的引用文件，其最新版本（包括所有的修改单）适用于本文件。

GB/T 2260 中华人民共和国行政区划代码

ISO 15511 信息文献 图书馆及相关组织机构国际标准标识符（Information and documentation-International standard identifier for libraries and related organizations（ISIL））

ISO/IEC 10646:2003 信息技术 通用多八位编码字符集 Information technology specifies the Universal Multiple-Octet Coded Character Set（UCS）

RFC 3986 统一资源标识符（URI）：通用的语法（Uniform Resource Identifier（URI）：Generic Syntax）

RFC 3629 UTF－8，ISO 10646 的转换格式（UTF－8，a transformation format of ISO 10646）

3 术语和定义

下列术语和定义适用于本文件。

3.1

CDOI 名称 CDOI name

在 CDOI 系统内定义一个唯一对象（标识对象）的字符串。CDOI 名称可由 CDOI 语法规则预定义的、有序的、包含字母和数字的字符组成。

3.2

CDOI 注册代理　CDOI registration agencies

唯一标识符专门管理机构指定的机构，提供 CDOI 名称前缀的分配，CDOI 名称的注册服务，以及供注册者声明和维护元数据的系统。

3.3

CDOI 解析　CDOI resolution

提交一个 CDOI 名称到网络服务，该服务返回一条或多条与标识对象相关的当前信息，如对象的地址（URL）或元数据的过程。解析过程包括一步或多步映射操作，解析结果可能返回标识对象的实例，也可能不返回。多重解析则以预定义的数据结构格式返回与标识对象相关联的多条信息。

3.4

CDOI 语法　CDOI syntax

CDOI 名称的字符格式、顺序的组成规则，具体指 CDOI 名称前缀、分隔符、后缀的格式和特征。

3.5

CDOI 系统　CDOI system

CDOI 名称作为计算机可识别的标识符，在名称分配、解析、标识对象描述、管理等方面的应用部署。

3.6

持久性　persistent

不受时间期限的影响，能够脱离标识符分配者的直接控制用于各种服务。

3.7

对象　object

CDOI 系统范围内的实体。实体的形态可以是抽象的、物理的或数字的，这些形态在内容管理上可能具有相关性（如人、资源和协议）。由特定 CDOI 名称标识的特定对象是该 CDOI 名称的标识对象（referent）。

3.8

唯一标识　unique identification

仅有的用于指定标识对象的 CDOI 名称。

3.9

元数据　metadata

元数据是一组描述资源的信息，有助于发现、确认、获取、管理、评价和保存资源。

3.10

资源对象　resource object

由特定 CDOI 名称标识的实体，参见 3.7。

4　CDOI 体系框架结构

4.1　CDOI 系统体系框架结构图

CDOI 标准由唯一标识符语法和命名规则、元数据规则、解析规则、管理规则和扩展规则组成。CDOI 系统的体系框架结构见图 1。

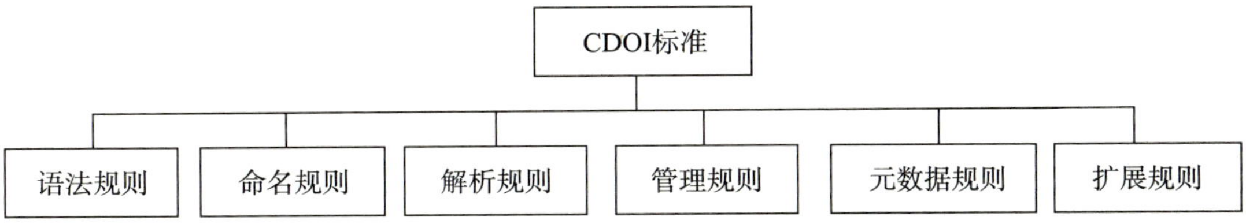

图 1　CDOI 系统的体系框架结构

4.2　CDOI 系统体系框架说明

4.2.1　语法和命名规则说明唯一标识符名称字符串的结构组成、语法规则和名称分配规则。

4.2.2　解析规则规定从应用系统中的唯一标识符出发，通过唯一标识符的解析系统，到达目标资源的唯一标识符解析的流程和机制。

4.2.3　管理规则规定唯一标识符名称分配体系中相关各方的角色和任务，唯一标识符的管理和使用政策等方面内容。

4.2.4　唯一标识符的元数据规则实现对各类资源的统一描述，提供对资源的识别确认，提供用户使用元数据检索唯一标识符的途径。

4.2.5　扩展规则说明唯一标识符前缀的扩展原则、唯一标识符与其他标识符的关系。

5　语法规则

5.1　一般规则

5.1.1　CDOI 是为达到 CDOI 系统的目的而建立的一个无任何含义的字符串。一个 CDOI 名称标识唯一的一个对象。CDOI 语法规则规定了组成 CDOI 的字符的形式和顺序。

5.1.2　CDOI 由以下三部分组成：

a）前缀元素；

b）分隔前后缀的向前斜线“/”（‘\0x2F’）；

c）后缀元素。

5.1.3　前缀由分级的子命名授权段组成，每个子命名授权段之间用字符“.”（‘\0x2E’）分隔。

5.1.4　后缀是本地命名授权，在同一前缀命名空间下，后缀名应是唯一的。

5.1.5　CDOI 必须是唯一的。CDOI 的唯一性通过国家相关管理机构、唯一标识符专门管理机构、机构或地区注册代理等逐级命名授权机制保证。通过注册授权和注册代理的管理方式，保证逐级授权的权利是唯一的，从而保障了 CDOI 的唯一性，其管理授权机制可详见“8 管理规则”。

5.1.6　CDOI 名称应遵循 URI 语法规则，URI 语法规则参见 http://www.ietf.org/rfc/rfc3986.txt。

5.1.7　CDOI 名称字符串以及前后缀元素的长度都没有限制。在实际应用中，CDOI 名称字符串可能受到相关通讯协议的限制。

5.1.8　CDOI 是大小写不敏感的，可以是任何 ISO/IEC 10646:2003 字符集中的字符。

5.2　CDOI 前缀

5.2.1　CDOI 的前缀是命名授权。命名授权由多个非空的命名授权段来构成，每个段由字符“.”（‘\0x2E’）分隔。

示例：

已有命名授权“abc”，需要在其下建立子命名授权“xyz”，则新的命名授权应为：“abc. xyz”。

5.2.2　CDOI 的前缀由两个层次的命名授权段组成：

a)第一个命名授权段是中国唯一标识符命名授权；

b)第二个命名授权段是行业/系统/地区/机构命名授权。行业/系统/地区/机构命名编码可以参照 ISO 15511；

c)前缀构成如图 2 所示。

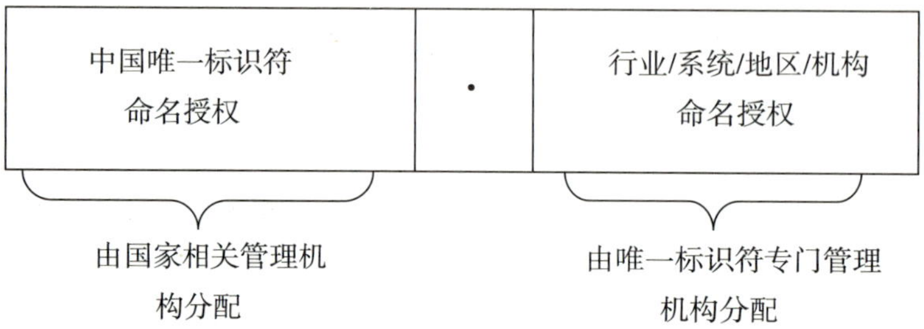

图 2　唯一标识符前缀构成

5.2.3　当前缀中第二个层次的命名授权段不能满足实际中对注册机构分类和唯一标识的需求时，可对其进行扩展。详细内容参见“10 扩展规则”。

5.2.4　CDOI 一旦分配，CDOI 名称字符串，包括它的机构代码元素和资源类型元素将不再改变。

5.3　CDOI 后缀

5.3.1　CDOI 后缀跟在前缀元素之后，应用向前斜线“/”分隔。

5.3.2　后缀原则上可包含任何 ISO/IEC 10646:2003 字符集中的字符。

5.3.3　为了使唯一标识符能被浏览器处理，后缀不宜采用 URI 中的保留字等特殊字符。

5.3.4　在同一个前缀元素下的每个后缀都应是唯一的。

示例：

一个具有前缀为“CDOI. 011001”，后缀为“123456”的 cdoi：CDOI. 011001/123456

5.3.5　唯一的后缀可以是一个顺序号，也可采用注册者使用的另一个系统的标识号（如 ISBN、ISSN、ISTC），参见“10 扩展规则”。

5.3.6　CDOI 一旦被分配，对 CDOI 系统来说，CDOI 字符串被认为是透明的，即没有任何含义。

5.4　CDOI 的显示

5.4.1　当 CDOI 在屏幕上显示或打印时，CDOI 名称前放置一小写的“cdoi:”，其中冒号为半角。

示例：

CDOI 名称“CDOI. 011001/12354”显示为：cdoi：CDOI. 011001/12354

5.4.2　小写字符串“cdoi”的使用应遵循 URI（http://www. ietf. org/rfc/rfc2396. txt）的表示规范（如“ftp:”和“http:”）。

5.5　CDOI 的字符集与编码规定

5.5.1　除了在前缀中要求保留的字符以外，唯一标识符可使用 ISO/IEC 10646 字符集作为 CDOI 构成的基本字符集，并规定 CDOI 字符串使用 UTF－8 规则编码。

5.5.2　CDOI 名称可通过 Web 浏览器或浏览器插件解析，此时 CDOI 名称应遵循 IETF 的 URI 表示指南标准。

5.5.3　由于唯一标识符经常需要有浏览器来处理，在命名唯一标识符前后缀的时候不宜使用保留字符、不可打印显示的控制字符。如果不能避免，则需要网页浏览器或 Http 代理服务器对唯一标识符进行解析时，使用十六进制编码该字符。十六进制编码的唯一标识符的转码工作一般由解析该唯一标识符的浏览器、浏览器插件或应用程序来完成。CDOI 中不宜使用的保留字见附录 E。

5.6　CDOI 名称的推荐长度大小写规定

5.6.1　CDOI 名称字符串以及前后缀元素的长度都没有限制。

5.6.2　当 CDOI 在使用 URL 表示和经由 HTTP 协议传输时，URL 长度要受到客户端浏览器或服务器端能处理的最大字符长度限制。为避免 CDOI 字符串在该种情况下被浏览器截断，CDOI 名称的长度不宜超过目前所知客户端浏览器或服务器端能处理的最大字符长度限制的 2048 个字符，并减去实际路径中的字符数。根据超文本传输协议 HTTP /1.1（RFC 2616）3.2.1 中指出 URI 的保守长度为 255 个字符，CDOI 名称推荐的保守长度不宜超过 1793 个字符。

5.6.3　唯一标识符的解析系统应是不区分大小写。

示例：

test/abc 和 Test/abC 应作为同一个标识符。

6　命名规则

6.1　分配范围

6.1.1　在任何时候当需要将一个对象作为一个被识别的实体时，可给这个资源对象分配一个 CDOI 名称。

6.1.2　注册代理可规定更具有约束性的 CDOI 分配细则，以满足一些特定服务的需要。当注册代理有特殊说明的 CDOI 分配细则时，这些细则应与整个 CDOI 系统规范兼容，但是这些细则不宜作为 CDOI 规范的一部分。

6.1.3　CDOI 能分配给任何类型、格式、载体的对象。CDOI 分配的主要对象包括但不限于：文本文档、数据集、录音带、图书、照片、连续出版物、音频资源、视频资源、音视频资源、软件、抽象作品、艺术作品等，以及在管理这些资源过程中的相关实体，如许可、相关方等。

6.1.4　CDOI 名称不应替代资源对象的其他标识符方案，其他标识符仍然是该资源的标识符并发挥相应的标识作用。

6.2　对象粒度

6.2.1　CDOI 名称能在任意的粒度或抽象层次上分配。

6.2.2　例如能给作为抽象著作的小说、这部小说的一个特定版本、这一版本的特定一章、一个段落、一张图片或一条用语，以及小说每个特定的载体实现，或者是注册者认为合适的任何其他的粒度独立分配 CDOI 名称。

6.3 标识符唯一性

6.3.1 在 CDOI 系统中,一个 CDOI 名称唯一地标识一个对象。

6.3.2 尽管每个被标识对象应有且仅有一个 CDOI 名称,但实际上可能会发生一个对象有多于一个 CDOI 名称的情况。一个对象被两个不同的注册机构分配 CDOI 名称,注册机构之间应进行有效合作提供统一的元数据记录和一致的 CDOI。

6.4 标识符持久性

6.4.1 CDOI 名称应不受时间限制。

6.4.2 CDOI 名称和它的标识对象之间的联系不应随资源权限的变更或资源管理责任的变更而改变。

7 元数据规则

7.1 一般规则

CDOI 名称注册时,注册者应同时注册 CDOI 名称所标识的资源对象的核心的元数据信息。

7.2 对 CDOI 系统元数据的要求

7.2.1 用于描述 CDOI 标识的对象的元数据应能描述各种类型的知识资产。

7.2.2 具有与其他不同类型的知识资源的复杂元数据的互操作能力,能将其他元数据映射到 CDOI 系统的元数据。

7.2.3 具有与国际、国内相关元数据标准的互操作能力,实现更大范围的知识共享与互操作。

7.2.4 任意的描述粒度。能在需要的时候在任何粒度层次上标识一个实体。

7.2.5 分配授权。元数据的来源能被确认和识别。

7.2.6 CDOI 系统元数据方案见附录 A。

8 管理规则

8.1 CDOI 系统的管理体系

CDOI 由唯一标识符专门管理机构进行管理。由唯一标识符专门管理机构分配。

8.2 CDOI 系统中的角色和任务

CDOI 系统由唯一标识符专门管理机构统一管理,并作为注册授权,指派行业注册中心、地区注册中心、机构注册中心等注册代理为 CDOI 注册提供服务。

9 解析规则

9.1 一般规则

9.1.1 解析是向 CDOI 系统递交一个 CDOI 名称,接受系统反馈的与 CDOI 名称所标识的对象相关的一个或多个数据类型的数值的过程。

9.1.2　解析可返回对象实例,也可以返回对象的元数据信息。

9.1.3　CDOI 解析记录可包含多个对象存放地址(URL)和对象的其他信息,例如对象名称、其他标识符、描述、类型、主题、地址、与其他对象的关系等。

9.1.4　解析过程可包括一个或多个中间的映射操作。

9.2　简单解析

9.2.1　简单解析是单一的指向性解析。

9.2.2　每个唯一标识符只有一个可解析到的 URL 地址,解析结果返回对象的实例。

9.3　多重解析

9.3.1　多重解析允许一个实体被解析到该实体的多个 URL 地址、多个数据类型/值对,多个其他相关实体,如父子关系和其他各种关系。

9.3.2　一个唯一标识符解析到多个结果,用户手工可选择一个解析结果。

9.4　反向解析

9.4.1　反向解析是从唯一标识符对象的元数据出发,通过解析服务系统,反馈唯一标识符名称的过程。

9.4.2　唯一标识符服务系统应能注册对象的元数据并提供元数据检索功能。由于元数据检索的不唯一性,反向解析可反馈多个唯一标识符名称,供用户选择。

10　扩展规则

10.1　CDOI 名称扩展规则

10.1.1　CDOI 名称前缀的命名授权(Naming Authority)由多个非空的命名授权段来构成,目前 CDOI 规范关于前缀命名授权段由两个层次的命名授权段组成:

a)中国唯一标识符命名授权;

b)行业/系统/地区/机构命名授权。

10.1.2　当前缀中第二个层次的命名授权段(由唯一标识符专门管理机构分配的注册机构代码部分)不能满足实际中对注册机构分类和唯一标识的需求时,可对其进行扩展。

10.1.3　对命名授权进行扩展时,CDOI 解析系统应在技术上支持新的命名授权段分配方法。

10.1.4　命名授权段扩展的语法:name-autority[. sub-name-authority *]。

10.1.5　前缀名称是一个全局性配置,一旦一个机构的前缀名称已投入使用,该前缀不宜随便扩展、修改。如确实需要修改,需要在唯一标识符的分配、注册、服务等方面进行全面评估。

10.2　CDOI 与其他标识符方案

10.2.1　唯一标识符系统可将其他系统中应用的标识符方案引用到自身标识符中,包括采用其他 ISO 标准的标识符方案,如 ISBN、ISSN、ISAN、ISRC 等,非 ISO 标准但被广泛认可和使用的标识符方案,或应用系统自定义的标识符方案等。

示例1：

原有基于ISSN的标识符1476—4687用于标识某种期刊，可将ISSN字母小写后作为后缀继承到一个CDOI前缀下形成一个期刊唯一标识符，如：CDOI. 011001/ issn. 1476—4687。

示例2：

使用ISBN号作为CDOI后缀，如ISBN：9787802253605，可能的ISBN号变形引入方式可能是：CDOI. 011001/isbn. 9787802253605。

示例3：

使用应用系统自定义的标识符作为CDOI后缀，如一张博士论文TIFF光盘的内部编号是：BSLW040687，可能的引入CDOI方式是：CDOI. 011001/bslw040687。

10.2.2　当一个唯一标识符标识的对象同时被另一种广泛认可的其他标识符方案所标识（如ISBN，ISRC，ISSN），应在CDOI元数据的资源标识符字段中登记该标识符。如果标识对象同时被多个其他标识符方案标识，可重复著录资源标识符字段。

附录 A
(规范性附录)
CDOI 元数据

由于对象类型的复杂性,CDOI 元数据设计的原则是用最小的元素集合唯一地标识资源对象。CDOI 元数据设计参考了 DOI 核心元数据方案、DC 元数据、中国数字图书馆标准规范建设项目基本元数据规范。CDOI 元数据规范包括资源的描述型元数据、管理型元数据。

A.1 CDOI 描述型元数据

表 A.1 CDOI 描述型元数据表

元素	出现频次	说明
CDOI 名称	1	分配给一个资源对象的唯一的 CDOI 名称
资源名称	1	资源最通常被使用的名称,如题名
创建者	0—n	对资源的创建和出版负有主要责任的实体,如作者
URL	1—n	资源的 URL 地址
标识符	0—n	资源的其他标识符,如 ISBN、ISSN 等
结构类型	1	实现、表达、抽象的类型说明,如物理实现、数字实现、表演、抽象著作等。结构类型词汇见附录 B
资源类型	1	资源类型的说明,如一个声音文档、期刊、乐谱、数据集、期刊论文等。资源类型代码见附录 C
关联	0—n	所描述的资源与其他资源的关系

A.2 CDOI 管理型元数据

表 A.2 CDOI 管理型元数据

元素	说明
注册代理	发布该 CDOI 名称的注册中心的名称,如国家图书馆
发布日期	CDOI 名称注册到 CDOI 服务系统的日期

附录 B
(规范性附录)
结构类型词汇

结构类型用于标识 CDOI 元数据中的结构类型元素。结构类型从对象整体角度出发,按三个类型进行分类。一个结构类型可以包含在另一个结构类型中。例如,以一张 CD 盘(物理的)可以包含文件(数字的),文件又包含一首歌(抽象的)的演唱。如果对 CD 盘整体赋予唯一标识符,元数据描述中结构类型选择物理的。如果对 CD 盘中的歌赋予唯一标识符,元数据中的结构类型选择抽象的。结构类型受控词汇见表 B.1。

表 B.1 结构类型词汇表

结构类型词汇	词汇英文名称	说明
抽象的	Abstraction	抽象资源对象,作为概念存在,如作品(work)、主题概念等
数字的	digital	一个资源以数字形式存在
物理的	physical	一个资源以物理形式存在

附录 C
（资料性附录）
CDOI 名称中的保留字

CDOI 名称用 URL 的方式表示和经由 HTTP 协议传输将遵循 IETF 的 URI 表示指南标准。如果 CDOI 标识符中含有 URI 定义的保留字符、不安全字符，应用系统将进行转码，将 URI 中的保留字转换为十六进制编码表示。

示例：

现有唯一标识符为：123"456" <abc>#xyz，如果使用专门的解析管理工具来操作该标识符，则使用 123"456" <abc> #xyz 作为标识符字符串。当该标识符需要在网页中以链接形式存在时，比如利用 http 代理解析该标识符的链接为：http://CDOI.gov.cn/123"456" <abc>#xyz，则应对标识符部分进行十六进制编码，编码后的标识符为：123%22456%22%3cabc%3e%23xyz。

作为一个 URI 字符串，它只是由有限的字母、数字和一些特殊符号组成的，基本表述如下：uric = reserved|unreserved|escaped，即分为保留字（符）、非保留字符和转义字符。

CDOI 在 URL 环境部署时的字符集和编码规定如下：

可以安全使用的字符包括字母、数字和一些标记符号。CDOI 中能安全使用的标记符号如下：mark = " - "|"_"|"!"|" * "|"("|")"

当 CDOI 名称字符串中包含 URI 保留字、非 ASCII 码中的字符、ASCII 码中的非显示的控制字符（十六进制的 00—1F 和 7F）和 URL 中不安全字符时，应对其进行十六进制编码。CDOI 名称中的保留字及其十六进制编码如表 C.1。

表 C.1　CDOI 名称中的保留字

字符	转义编码	字符	转义编码
;	%3b	{	%7b
/	%2f	}	%7d
?	%3f	|	%7c
:	%3a	\	%5c
@	%40	^	%5e
&	%26	~	%7e
=	%3d	[	%5b
+	%2b	]	%5d
$	%24	`	%60
,	%2c	<	%3c
"	%22	>	%3e
%	%25	#	%23
空格	%20	’	%6o

附录 D
（资料性附录）
CDOI 管理框架、角色和任务

D.1 CDOI 管理框架

在唯一标识符专门管理机构统一管理下，建立行业、系统、地区或机构的注册中心（注册代理），负责唯一标识符的注册。体系框架如图所示。行业、系统、地区或机构注册中心作为注册代理，发展唯一标识符的用户，负责唯一标识符的分配与注册。比如出版行业可以成立一个行业的注册中心，负责出版行业各出版社出版的资源的唯一标识符的分配和注册服务。也可以成立机构注册中心，负责本机构的唯一标识符的分配与注册，比如国家图书馆唯一标识符注册中心。

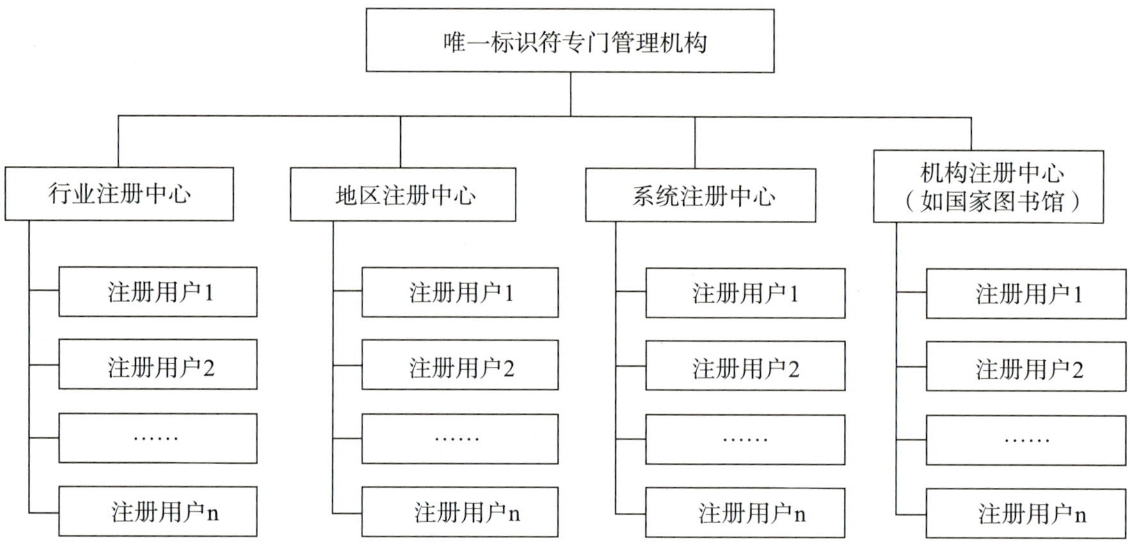

唯一标识符管理框架

D.2 CDOI 管理角色和任务

D.2.1 注册授权

a）负责中国内地唯一标识符服务系统的稳定可靠和持续运行；

b）维护唯一标识符服务系统，分配唯一标识符前缀和发展行业/系统/地区/机构注册代理；

c）促进国内数字出版、图书情报、档案和博物馆等系统的网络应用系统的互操作和规范化的发展；

d）代表中国同国外同等机构进行交流和合作。

D.2.2 注册代理

a）在唯一标识符专门管理机构注册唯一标识符前缀命名授权段。

b）接受、审核各注册用户编制的资源类型代码和后缀编制规则。

c）用唯一标识符服务系统和数据管理政策为注册用户、CDOI 命名和相关的元数据注册提供服务。为 CDOI 名称选择或制定 CDOI 元数据标准。

d）分配并验证 CDOI 系统的用户。包括获取和验证用户的信用资质。信用资质由用户名和密码组成。

e)当在统一命名授权下有多个注册用户给同一对象分配重复的CDOI名称时,协调各注册用户,尽量保证同一对象分配有一个CDOI名称和相同的元数据注册。

f)当其他行业、系统或机构的注册代理机构给同一对象分配重复的CDOI名称时,提供对于该对象统一的元数据记录。

参考文献

[1] ISO 26324 Information and documentation Digital Object Identifier(DOI)

[2] Dr Norman Paskin. The DOI? Handbook: Edition 4.4.1[EB/OL].[2008-04-28]. http://www.doi.org/handbook_2000/DOIHandbook-v4-4.pdf

[3] 科技部科技基础条件平台专项资金项目. 数字资源唯一标识符解析系统应用规范(倪金松),2005

[4] 科技部科技基础条件平台专项资金项目. 我国数字资源唯一标识符应用模式与管理机制,2005

[5] 科技部科技基础条件平台专项资金项目. 数字资源唯一标识符的现状与发展,2005

[6] 孙坦,宋文,贺燕. 国家图书馆数字资源唯一标识符规范和应用指南[M]. 北京:国家图书馆出版社,2010

索　引

ISBN 978-7-5013-5732-1
9 787501 357321 >
定价：20.00 元